Sentimientos de Vida

Poemas

Sandra Blanco

Primera edición Diciembre 2013

Derecho de publicación: Comunidad Literaria Versos Compartidos

Autora: Sandra Blanco

Diseño de portada: Sandra Blanco

Producido por Versos Compartidos

ISBN : 978–9974–99-363-1

Depósito Legal: 11005

Queda hecho el depósito legal como lo ordena la Ley

Impreso en Uruguay 2013

Prólogo

Nací una fría mañana de invierno, fui la única hija de un gran amor.

Desde pequeña cultivé mi gusto por la lectura, ficción que fue alentada por mi padre que casi todos los días me regalaba libritos de cuento que me compraba camino a casa.

En mi adolescencia leía novelas románticas a diario y la lectura se convirtió en mi mayor pasatiempo.

Durante mis estudios descubrí que la literatura era la materia que más me gustaba, de su mano descubrí poetas como Neruda y Bécquer a quienes admiro, principalmente a éste último por sus maravillosas rimas que aún hoy no me canso de leer.

Hace quince años escribí mis primeros relatos, los cuales no he compartido nunca, pero que pronto los daré a conocer.

Hace tres años atrás comencé a escribir poesía, así casi por casualidad, pero este arte me atrapó, se sembró en mi vida con una fuerza arrolladora.

Hoy les comparto en este libro parte de mi obra, espero que sea de vuestro agrado.

Estas poesías llevan parte de mi esencia, de mi naturaleza y de mi sentir.

"La Poesía es parte de mi vida y mi vida es la Poesía"

Sandra Blanco

Versos del Corazón

ATRACCIÓN

¿Por qué te miro y siento esta atracción?
esta atracción, que tú también
ya has sentido
esta atracción, que magnetiza nuestra piel
y que acelera todos los latidos
que nos transforma
en dos adolescentes
que cruzan uno y mil suspiros
que se miran locamente
y quieren un amor nunca vivido.

¿Qué tienen tus palabras, mi amor
que siempre encienden mis sentidos?
será que acarician mi razón
y cultivan un amor correspondido
será que se ha gestado de silencios
que ha nacido entre suspiros
que se ha plasmado en bellos versos
y se ha instalado en el destino.

Y nuestras vidas se llena de por qué
y las respuestas no llenan los oídos
Ya no nos preguntemos más amor...
solo vivamos lo que los dos hemos sentido.

AYER

El sol despierta iluminando mi cielo
y me miro en el azul de tu mar...
Ayer... eso era ayer,
cuando estaba en tu regazo amor,
envuelta en la tibieza de tu calor.
Y hoy...
hoy estoy en este frío invierno
que me hiela, que me cala los huesos
que entumece mis sentidos, que
mata mis suspiros.
Fue una hermosa fantasía la que vivimos los dos,
fueron ilusiones que crecieron sin fronteras,
fuiste tú mi vida, que labraste primaveras.
Hoy miro el ayer y recuerdo, con dolor...
Y no quiero sentir dolor por ese amor que nos unió.
Quiero retornar al mundo de esperanzas,
quiero una ilusión que me llene el corazón,
quiero años para vestir contigo,
quiero una caminata eterna en sigilo.
Yo traigo mis ilusiones intactas,
te propongo compartirlas conmigo
como ayer...
cuando yo era tu cielo y tú eras mi mar.

COMO EL AGUA QUE LE DA VIDA A LOS TULIPANES

Como el agua que da vida a los tulipanes,

así me das vida a mí,

con besos que son nutriente de mis raíces,

besos que son brisa de esta nueva primavera,

con caricias que se envuelven en mi cintura

que me recorren con la dulzura del néctar de tus manos

que me encienden el   alma llenándome de alegría.

Como el agua que da vida a los tulipanes,

así es el amor que siento por ti,

es esa energía que se prende de mi vientre

que se enraíza con mis sentimientos,

mientras el viento me trae aroma de esta pasión

que se ilumina con cada rayo de sol.

Como un campo de tulipanes te siembras en mí

y me haces destellar...

con los colores de este nuevo amanecer.

COMO EL MAR

Como una ola
que acaricia la orilla
voy escalando en tu arena
y me voy haciendo de ti.
Y te voy impregnando con la sal,
que inunda mis pensamientos,
para que sientas,
para que me sientas...
Para que te fundas en mí,
sin tapujos, sin condenas
solo con el sentir de tu alma,
solo pegándote al latido de mi corazón.
Para que los dos seamos uno,
uno que nada sorprenda
uno que nada separe,
uno que nada ofenda.

Uno, meciéndonos
en cada ola del mar,
ese mar que nos estrecha,
que nos abraza,
que nos alienta
que nos dice que somos uno para el otro
y que a navegar, en esta vida nos avienta.

COMO LA BRISA MARINA

Como la brisa marina,

así juegan tus manos

con cada pliego de tu piel

besando cada arista,

acariciando cada extensión de mí,

recorriéndome sin reparos

con dulzura que alaga mis sentidos.

Como la brisa marina,

que llena mis pulmones

trayendo alivio y paz al alma,

así es tu amor…

me esculpe por dentro

y me gusta sentir, tu presencia dentro de mí.

Me gusta inspirar la brisa marina

que viene colmada con tu amor,

con tu dulzura, con tu pasión

y con la sensación…

de que soy, eternamente tuya.

COMO ROSA ENTRE TUS MANOS

Me deshojo como rosa entre tus manos,

con caricias que hacen tuyos mis anhelos

en desborde de todos mis sentidos

despejando cada uno de mis miedos.

El aroma de tu amor a mí me atrapa,

hoy me embriaga y me llena de deseos

y ya quiero que me abrases y seas mío

y tu piel sea la miel de mi consuelo.

Por tu amor yo cruzaré todos los mares,

por tu amor yo surcaré todos los cielos,

por tu amor atravieso el mismo infierno

y te entrego la emoción de mi desvelo.

Verteremos nuestras almas palpitantes

con los cuerpos hacendosos de deseos,

con tus manos hoy sedientas de mi vida

y mi pasión que la fundes con tu fuego.

COMO VENENO

Como veneno entraste en mi alma,
haciendo mis sentidos enloquecer
y hoy siento que estás en cada poro de mi cuerpo,
de este camino que tú quieres recorrer.

Como veneno que endulza las arterias
y a la vez las hace padecer,
me engrapaste así de mil maneras
he hiciste tuyo todo este querer.

Como veneno que enlentece los latidos,
los amotina y acelera a la vez,
así te vas extendiendo por mi vida,
sin nada, nada que yo pueda hacer.
Y vivo y muero presa del dulce veneno,
ese que tú plasmas en toda mi piel
y en los besos que me llevan hasta el cielo
y al infierno que me sumergen también.

Y extasiada me entrego al veneno
y ya no lucho, no encuentro el por qué.
si tu veneno a mí me hace tuya,
entonces toma mi alma y también mi piel.

CON MUY FINOS TRAZOS

Cuántas primaveras,
han muerto en ocaso
de esos dulces besos
que erizan mi piel.

Cuantas las quimeras,
hechas hoy pedazos,
cuando te marchaste
marcando mi ser.

Cuántas las hogueras,
sin fuego han quedado
ya no arderán más,
no tienen querer.

Y hoy el alma pinta
en muy finos trazos,
todo el sufrimiento
que vivió ayer.

CONTIGO…

Contigo andaría descalza
pisando firme en la arena
sembrando fervor en tu alma
cual la luna en la marea…

Contigo surcaría mares,
y de tu orilla haría mi vera
entregándome a tus brazos
con el candor que me quema…

Contigo pintaría el agua,
azul cielo de acuarelas
y en cada ola estamparía,
eres el amor que a mi llega…

Es que contigo yo siempre siento
que todo vale la pena,
y es tan grande el sentimiento
que cruza toda frontera…

DAS LUCES A MI VIDA

Tus pupilas despiertan al albor

entusiastas, dan luces a mi vida

y mi alma en este día va cocida,

engarzando ilusiones con fervor.

Adornando al amor con mi rubor

y pasión que me nutre sin medida,

me renuevo y me siento muy querida

y mi esencia se pinta del sabor

de los besos que estampas en mi boca

con tus labios sedientos del sentir,

sensaciones que el alma nos provoca

y de velos nos hacen desvestir

y me entrego de esta forma loca...

¡A tu abrazo no quiero desistir!

EL AMOR QUE SIENTO POR TI...

Como perlas nacaradas
que se reflejan en la luz de la luna
así es el amor que siento por ti.
Es como la tibieza de un amanecer en el invierno.
Es la fresca sombra que da cobijo del sol.
Es el abrazo inagotable del viento.
Es en mis mejillas, el rosa, del carmín rubor.
Es la fina gota de rocío en la rosa,
que le da vida y también color.
Es el eterno brindis de las copas,
celebrando siempre por este amor.

EL DESTINO NOS UNIÓ

Tú dices que soy perfecta
también me dices mi amor,
se han borrado las fronteras
que existen entre los dos.

Tú siempre me das tu aliento,
de ti veo lo mejor,
siempre eres mi sustento
cuando estoy en lo peor.

Y yo trato de ofrecerte,
de mí siempre lo mejor,
es que yo te quiero mucho
tú eres mi contención.
Sos el hombre en quien confío,
el que se inspira en la bella flor
el que sabe ser amante
y entrega todo su amor.

Entonces yo hoy te digo
estás en mi corazón
yo te quiero para siempre
como lo dije en otra ocasión.

Este a mor que ha nacido
no lo borra ni un adiós
es que estamos los dos unidos
el destino nos unió.

HOY TE HE ENVIADO MIL PALABRAS

Hoy te he enviado mil palabras,

necesitaba poder estar contigo,

necesitaba el eco de tu voz,

necesitaba meterme en tus sentidos.

Necesitaba tus caricias y tus besos

y de tus brazos, que brindan siempre abrigo,

necesitaba de tu boca un gran beso,

para que selle todos mis latidos.

Hoy te enviado mil palabras

y sé muy bien que llegaron a destino,

porque tú, has llegado a mi lado

para que juntos recorramos el camino.

JUNTO LAS CENIZAS DE MI VIDA

Junto las cenizas de mi vida

y las guardo en el cajón de los olvidos,

eso me da las fuerzas necesarias

para seguir transitando mi camino.

Empino hacia la cumbre más cruenta,

con ilusiones y un nuevo desafío,

ese, que ha despertado junto a vos,

con tus palabras de amor entre suspiros.

Juntos pintaremos nuevas huellas,

juntos vestiremos mil caminos,

pero siempre unidas nuestras almas,

porque para eso los dos hemos nacido.

LAS OLAS NUNCA DEJARÁN DE LLEGAR A MI ORILLA

Las olas nunca dejarán de llegar a mi orilla
como tu recuerdo,
que nunca se borrará de mi alma,
siempre estará prendido en la espuma
de ese mar embravecido por la tormenta.
Y los sueños, esos sueños que navegaron
por nuestras tranquilas aguas,
hoy se han vestido de ausencias,
de nostalgias,
de dolencias.
Las olas nunca dejarán de llegar a mi orilla
y yo nunca dejaré de ir al mar...
para encontrarme con tu esencia,
para recordar lo vivido,
para esperar a que tú vuelvas.

ESPERANDO TU LLEGADA...

Mis hombros se adormecen
lentamente junto al atardecer
esperando tu llegada.
Mi pecho se agita
vibrando una y otra vez
esperando tu regreso.
Mi cuerpo se estremece
y nacen las raíces
que se arraigan a esta tierra
y ya no puedo volar junto a las aves,
se han marchito mis alas.
Hoy tengo hojas que florecen
y con mis hojas florecidas te espero
para te, para acariciarte
para brindarte mí sombra.
Pero se tarda tu llegada...
Ya otras aves han hecho nido en mis ramas
y tú no llegas...
la espera es vana.
El tiempo se ha vestido de vacío
y se ha quedado con las ganas.
Con las ganas de ver tú regreso
para que cortes estas ramas,
para que atices mis raíces,
para que siembres nuevas alas.

PODRÁ...

Podrá el cielo pincelarse de tristeza
y el ocaso morir en agonía,
lo que nunca ha de morir el sentimiento
que en mi pecho hoy late fuerte todavía.

Podrá el mar abrirse paso entre las olas
agitando la tormenta con bravía
lo que no ha de morir amado mío
es este amor que te tengo noche y día.

Podrá el mundo girar en contramarcha
separando mis minutos de tu vida,
lo que nunca morirá en el recuerdo
son los besos que has plasmado sin medida.

Podrá mi corazón sufrir cien mil quebrantos
o tal vez celebrar con alegría,
lo que nunca olvidará querido mío
es tu pasión que me cubría sin medida.

Podrá Dios arrancarme de este mundo
o quitarme el coraje y la bravía.
lo que no podrá arrancarme es el indulto
del el amor que te profeso en armonía.

Podrá el tiempo cubrirme con quebrantos
y la soledad hacer de mi alma su apatía
lo que no podrá ni dios ni el destino
es que no te amé como te amo en este día.

Y OTRA VEZ NOS ENCONTRAMOS AQUÍ

Y de nuevo nos encontramos
los dos bajo el mismo cielo,
en un campo de ilusiones,
entregándonos con placebo
este amor que no lo mata
ni la distancia ni el desconsuelo,
este que no podemos olvidar
porque lo hemos grabado a fuego.

Y otra vez estamos aquí,
compartiendo este bello suelo
sembrándolo de esperanzas
y cosechando vientos nuevos.
Vientos de plenitud
y de amores verdaderos
vientos que han arrasado mi alma
con la furia del pampero.

Y otra vez nos encontramos aquí...
con este amor verdadero,
ese que nació en tu alma
e inundó mi mundo entero.
Todos los derechos reservados

QUISIERA SER...

Quisiera ser la brisa que acaricia
quisiera ser el sol que da calor
quisiera ser esencia de las rosas,
para cubrirte con mi amor en esplendor.

Quisiera ser de tu vida una noria,
para guiarte en un mar de devoción
y que las olas te atraigan a mi orilla
para que en ella tú compartas mi calor.

Quisiera ser el viento libre en las mañanas,
la suave lluvia que te moja y da frescor,
quisiera ser el centro de tus centros
quisiera ser de tu mundo lo mejor.

Quisiera ser una cascada de colores
en vuelo libre pero siempre hacia vos,
quisiera ser de quién tú te enamores
y escucharlo que lo digas con tu voz.

Quisiera ser un pájaro de fuego
que con mi brillo te cause sensación,
quisiera ser aliciente de tu ego
y perpetuar para siempre este amor.

RECUERDO LOS BESOS...

Camino descalza por un sendero de flores
y todas ellas me acercan a ti
y cada color que en ellas se pinta,
me recuerda a los besos que un día te di.

El sol que ha nacido me hace compañía
y pinta el paisaje color carmesí,
me recuerda a tus besos ,en toda mi boca
y la suave tibieza que nace de ti.

Me siento en la grama a observar la pradera,
es que toda ella tiene aroma a ti
y contemplo el río y su bella rivera
y recuerdo los besos que un día te di.

Me pongo de pie con finura priesa
y corro a tu encuentro con gran frenesí,
mi boca se encuentra junto con la tuya,
ya no son recuerdo los besos en mí.

SEMBRASTE EN MÍ EL AMOR

Sálvame de esta soledad
que engrilla mis sentidos,
libérame de los ecos
que gritan mi dolor.

Sana mis heridas,
con besos despacito
y engárzate a mi alma
con todo tu esplendor.

Seca la humedad
dormida en mis pestañas
y yo abriré mis ojos
solo para vos.

Unamos nuestras manos
en vuelo infinito,
surquemos juntos el cielo
con rumbo hacia el sol.

Y allí floreceremos
ya no será marchito,
tan bello sentimiento
que siembras con ardor.

Y así estaré por siempre
unida a tus latidos,
porque me conquistaste,
sembraste en mí el amor.

SI MIRARME EN TUS OJOS...

������

Si mirarme en tus ojos yo quisiera
con furor pasional que me calcina
con dulzura este amor que me ilumina
sentimiento que en mí, por ti naciera.

Si anidarme en tu alma yo pudiera
con colores del alba purpurina
enlazarte con brisa tan marina
de la mar, del amor de mi quimera.

Es tan grande este amor que a mí me quema
que reclamo que guardes y hagas tuyo
que lo vistas tal cual fuera tu lema.

Y me beses con candor en arrullo
que me plasmes tal cual fuera un poema
porque ahora mi amor es solo tuyo.

SOLAMENTE TUYA

Solo tus manos han recorrido
el inexorable paisaje de mi piel.
Solo ellas son dueñas
de cada palmo de mi esencia.
Solo tú eres el colono
que ha explorado esta tierra,
que te has internado
acariciando cada arista,
cada pliego, cada grieta
de mi naturaleza.
Solo tú ,dueño absoluto
de las rosas de mi vida,
esas que adornan nuestra casa
y embellecen nuestros días.

Solo yo entregándote la exclusividad
de ser...
Solamente tuya.

SOÑAR OTRO DESTINO

¿Por qué nos unió el destino ahora?
Cuando ya hemos transitado
tanto camino...
cuando no podemos hacer lo que queremos
cuando no podemos vivir lo que sentimos,
cuando tenemos atadas nuestras manos
y trazados todos los designios,
cuando un mundo inmenso nos separa
y no nos deja vivir lo que sentimos.

¿Por qué ahora amor?
Si nuestro amor,
es un amor correspondido,
que ha nacido del silencio,
ha nacido de un suspiro,
de un gesto, de una palabra
y de un mirar siempre encendido.

Y nos vemos esclavizados
a no vivir lo que sentimos
a suspirar por lo que pudo ser,
a soñar otro destino.

TAL VEZ...

Piérdete en el susurro de mis ojos,
acaríciame de nuevo la piel,
yo me postraré ante el mundo de hinojos,
agradeciendo al cielo por tanto querer.

Pinta en mis otoños nuevas primaveras
que las bellas flores no dejen de crecer
yo me tejeré en ti como una enredadera,
cuando de la tierra no quiere fenecer.

Bésame en cada madrugada,
pero hazlo hasta el amanecer,
yo te entregaré, mi alma encarnada,
encarnada a la tuya con todo placer.

Y así transitemos por este mundo de ensueño,
un mundo de ensueño y real a la vez.
Yo me entrego a ti con el gran empeño
de estar a tu lado, para siempre tal vez.

TE ESTOY ESPERANDO...

Para despertar unidos
envueltos en las sábanas
de nuestro destino.
Para amanecer los dos
en nuestro lecho de rosas,
para besar tu mejilla
y sentirme grandiosa,
para engalanar las horas
y descontar los minutos,
para entregarme a tus brazos
tal fuera un tributo.

Te estoy esperando
como te he esperado siempre
con una sonrisa en los labios
y con mi alma ardiente,
con ese ardor
que tú me provocas
cuando escribes tus versos
y me dices mi diosa.

Te espero desnuda
sin velos en mi alma
dispuesta al futuro
a vivirlo en calma.

Te espero en el hoy,
te espero en mañana
y espero mi vida
esta realidad tan deseada.

TE PIENSO, TE SIENTO TE BUSCO...

Te pienso, te siento, te busco...
En cada fragancia en cada murmullo,
en la dulce mañana que despunta el alba
en la gota de viento que acaricia mi alma.
En cada lucero que queda dormido,
en cada rincón que de ti esta vacio.
Te siento, te pienso, te busco...
En cada recuerdo de lo que hemos vivido
en cada imagen de aquel nuestro estío
y en aquellos besos que guardo conmigo.

VUELVO A TI AMOR...

Porque fuiste y sos el amor de mi vida,

porque contigo aprendí a suspirar las horas

y a vivir en plenitud mis días,

porque del mundo entero, solo a ti te elegiría.

Vuelvo a ti, porque contigo quiero compartir mi vida,

porque los sentimientos que te tengo ya no tienen más cabida

en el cajón de los recuerdos, quiero se hagan luz de día

y que los compartamos con amor y con mucha alegría .

Si pudiera dar vuelta al tiempo, como una fantasía:

¿sabes qué mi amor? De nuevo te elegiría;

porque es tan grande lo que siento, que mi corazón grita de alegría

y mi cuerpo se estremece de júbilo y algarabía.

Tantas noches de pasión entre tu vida y la mía,

reconociéndonos amantes, con la luna en compañía

con tu rostro en mi mejilla y tu cuerpo junto al mío,

fundiéndonos en las llamas de este amor correspondido.

Tantas horas junto al mar, como cómplice callado

tantos besos de pasión en mí, toda has plasmado

los abrazos y caricias que también me has regalado,

por eso y por mucho más ,hoy yo vuelvo a tu lado.

Porque solo y solo tú...

me haces sentir éste amor deseado,

porque siento tanto amor, cuando estoy así a tu lado

porque solamente tú, eres mi amor soñado.

Y VOLVEMOS...

Y volvemos a transitar,
por el sendero de nuestras vidas,
con nuestra eterna comunión
y la realidad concebida.

Y siento que has retornado,
porque tu corazón lo pedía,
porque no puede estar alejado
de mi eterna compañía.

Y pienso que ha comenzado
lo mejor de nuestros días,
porque tú me has demostrado
lo que me amas todavía.

Y yo lo he demostrado amor,
mil veces todos los días,
porque por ti estoy dispuesta a todo,
hasta al diablo enfrentaría.

YA QUIERO

El rocío humedece mis mejillas
y de nuevo se enluta el alma,
el ocre de la tarde me pinta de tristeza
y el gris de la noche me cubre de dolor.

Las mentiras me acechan,
como las sombras de la noche
y por más que me escabullo,
siempre llegan hasta mí.

Y me hunden en un lago de engaños,
aguas profundas que carecen de firmeza,
remolinos enlodados
que estremecen mi sentir.

Y ya quiero que nazca el sol
para sentir su tibieza,
para ocultar el silencio de la noche
y el oscuro de su voz.

Ya quiero que amanezca
para oír el trinar de los pájaros,
para verlos volar con todo su esplendor,
para poder abrir mis ojos a la luz del nuevo sol.

Compartiendo Tristezas

DE QUÉ SIRVE ESTE AMOR...

Te he ofrendado la tinta de mi ser,
esculpiendo tantos versos en tu alma.
He gritado a la rosa de los vientos,
sentimientos que por ti me atrapan.

Más tus ojos no te dejan ver,
ya no importan mis palabras,
hoy mis versos has dejado en el olvido;
en el atardecer, en aquella playa.

Y las olas se siembran en destinos
y la sal de mi amor ya no te baña,
las caracolas encallaron mi destino
y tu huella se diluye en el agua.

De qué sirve este amor desesperado,
si a la arena de tu amor ya no le alcanza.
Mejor dejo a mis versos olvidados,
que se ahoguen...
como hoy se ahogó mi alma.

ESPERANDO LA HORA QUE LLEGA

A veces me canso de las caracolas que adornan la playa,

porque ya no tienen vida,

solo están allí de adorno

y solo el eco del mar traen a mi oído.

A veces no me llega la espuma del mar,

ese mar que tanto amo ,

mi compañero, mi cómplice callado,

el confesor de mis pensares.

A veces, las gaviotas se llevan mis suspiros

y los dejan allí ,meciéndose en el horizonte,

en el horizonte de ese mar que nos une y nos aleja…

Y yo aquí ,en esta playa,

sentada sobre la fina y blanca arena

con sal en mis pestañas

esperando la hora que llega.

Y tú mirando la mar…

ESTA SOLEDAD CON QUE VIVO...

La soledad que me acompaña
y embebe mis sentidos,
a cada minuto me recuerda
que tú ya no eres mío.

Que mi amor ya no significa nada
que se perdió en el camino,
que me ves como una compañía
solo por eso estás conmigo.

Y me pregunto calmadamente
y hago recuerdo de lo vivido
y aún no encuentro respuestas,
para esta soledad con que vivo.

HOY SIENTO ESTE DOLOR...

Hoy siento el dolor
arraigado en mi alma
le piel esta ajada
de tanto yo sufrir.

Se resiente mi vida
y se resiente el karma ,
es tremenda esta pena
de verte yo partir.

Que difícil que es
vivir ya sin tu alma ,
carente de los besos
que me dabas a mí.

Ya no ver esos ojos
con miradas en calma
y la palabra dulce
guardada para mí.

Mi pluma esta mustia
y la pena la embarga
y mis ojos los que lloran
la ausencia esta de ti.

La casa hoy está triste,
tu cuarto está sin habla
solo en ese vacío
que se viste sin ti .

Y éste corazón
tristemente te clama...
¡Ay mi madre querida
que lo cumplas feliz!

JUNTO A TI

Desgarra la noche en su llanto
de lamentos entre sombras,
hoy la luna luce opaca,
hoy mi alma se desborda.

Hoy ha muerto mi suspiro,
lo he enterrado entre las rosas,
 esas que lo vieron nacer,
cuando aún era una moza.

Mis pestañas se han tupido,
de salitre y de sombras
y han muerto los latidos
hoy la vida es cualquier cosa.

Hoy he puesto este amor,
junto a ti en una fosa,
para que descanse contigo
y sobre ti... sobre ti puse una rosa.

SOLEDAD DE TUS SILENCIOS

Desella el sol sobre el mar y su horizonte
y despierto en la soledad de tus silencios
y se empañan los cristales de mi habitación,
ya no entra la luz...
se ha dormido la calma.
Mis rosas ya no florecen en el jardín,
el frío las secó ,las deshojo ,
como deshojo mi corazón.
El fino roció se ha convertido en nieve
y mi rosa murió, todo terminó ...
Así murió la ilusión
y se marchito nuestro amor,
que tal vez no debió nacer.
Y la pasión ,quedo en los brazos del olvido
que un día la vio crecer.
La esperanza se desvaneció
y las flores quedaron en el camino,
ese camino que prometimos transitar unidos,
ese camino que se desdibujo con tu adiós.

TE ALEJASTE DE MI

El viento me envuelve
como láminas de plata,
acaricia mi mejilla
hasta hacerme sucumbir.

Y yo siento que me besa
y que dulce me abrasa
y recuerdo las tardes
que pase junto a ti.

Eran tiempos felices,
de delicias y chanzas,
donde una sonrisa
despertabas en mí.

Despertabas pasiones
que creía perdidas,
pero estaban guardadas
esperando por ti.

Eran tiempos felices,
de ilusiones y anhelos
y de amor compartido,
infinito sin fin.

Pero todo se fue,
como el viento pampero
y también tú te fuiste,
te alejaste de mí.

TU IMAGEN

Tu imagen se destiñe en el tiempo
Y aflora en ti el dolor del triste adiós
Tu reflejo se tiñe de tormentos
Discordante con lo que hubo entre los dos.

ya no vuelan golondrinas en tu cielo
las nubes, no se ven rosa color
es todo gris ,ya no hay ningún consuelo
Fiera tormenta de frío se sembró.

Hoy tu reflejo miras sin anhelos
tus ojos no lucen expresión
Los proyectos han rodado por el suelo
y sientes muerto todo tu esplendor.

Hoy Una lágrima se borda en tu mejilla
Es la bandera de tu pobre corazón
Y en su destello que bellamente brilla
esta la prueba de ese gran dolor.

Hoy se añicaron los cristales de tu vida
Y el futuro partió sin más razón
Es una chanza que te jugó la vida
Cuando la muerte a él se lo llevo.

Versos Generales

EL POETA...

El Poeta es el mago de la vida
que trasciende dando alas a las letras,
el que pinta de colores este cielo
el que admira y resalta la belleza.

El Poeta es el amante de tus versos,
es la rosa que perfuma o es querella
es quien nutre a tu esencia y le da brillo
o quien sufre pero siempre en forma bella.

El Poeta es hacedor de un nuevo mundo
el que plasma su sentir con gran destreza,
el que entiende el sufrimiento de la gente
y levanta con su pluma la protesta.

El Poeta es quien crea día a día
esta magia que despliega en gentileza,
el que forma con sus versos la Poesía
el que hace que reluzca como estrella.

El Poeta es el loco en la cordura
el que sueña con la mente bien abierta,
el Quijote que ansía un nuevo rumbo
y dibuja con su pluma nuevas huellas.

HE VISTO...

He visto nacer amores,

he visto nacer mentiras,

he sufrido decepciones

en mayor o menor medida.

He conocido gente muy buena

y he conocido gente mezquina,

pero la gente que a ti te quiere,

la gente que en ti confía.

Es la gente verdadera

la que está en ti toda la vida.

HAN DICHO QUE SOY DURA

Han dicho que soy dura
y es verdad,
pero solo cuando requiebran
las arrugas de mi piel,
cuando marcan el latido de mi alma.
Es allí, cuando la mujer romántica,
la eterna enamorada del amor
se duerme
y despierta este otro yo,
este, que no confía
porque lo han marchito las rosas de su vida,
este yo que percibe las cosas
y ve las grietas que poseen,
este que entra en recónditos lugares,
en laberintos engañosos
y que siempre observa desde arriba.
Este yo que con gran decepción
ve como el visitante pierde el rumbo
como es arrastrado por sus vientos
en ese laberinto sin salida.
Me han dicho que soy dura...
y es verdad a veces lo soy.

HAY MORFEO !!!

Acúname en tu regazo

envuélveme en tus sentidos

y por favor no me sueltes...

que quiero dormir contigo.

Que mi noche sea eterna

que la llenes de suspiros

que me brindes...complacencia

y horas de sueño tardío.

Ay Morfeo omnipotente

que me dejes dormir te pido

envueltita en tus alas

y con sueños bien vividos.

Pero no soy egoísta

y a las amigas yo te envío

para que repitas con ellas,

lo que has vivido conmigo.

IEMANJÁ

La ola acaricia la orilla,

el mar ruge con su verde mirar,

el viento trae tu sal a mi arista

para venerarte , mi Diosa del mar.

Mil ofrendas a ti te realizan,

mil deseos te van a rogar,

feligreses están de rodillas,

implorando les des tu bondad.

Con sus brazos abiertos al viento

y orando hacia el ancho mar,

con vestidos muy blancos de lienzo

y clamando tu eterno mirar.

Fiel guerrera de todos los tiempos,

surcadora del viento y del mar,

sos repiques en todos los tempos

que en las playas se oyen sonar.

LA MALDAD

La maldad se viste de engaño,
para oscurecer nuestras vidas,
para teñirla de dolor
y sumergirnos en agonía.

La maldad se viste de encantos,
para confundir nuestras vidas,
aparentando lo que no es,
para cumplir su misión tranquila.

La maldad se viste de placeres,
que brinda a nuestras vidas,
pero en realidad está urdiendo
enterrarnos pero en vida.

La maldad es muy, muy cruel
y se aloja en cada vida,
de la gente despreciable
que vive en una mentira.

Y ataca al inocente
para destruirle la vida
y siempre lo hace con saña
arrebatándole la alegría.
arrebatando la alegría.

MARCHITA...

Marchita estás por dentro

tus raíces se han secado,

no darás más flores de amor

ya la vida te ha doblegado.

Marchitos se ven tus ojos,

tu corazón muy cansado,

el viento meció tu sombra

y el destino te ha abandonado.

Hoy luces triste y marchita

con nostalgias en las manos,

el silencio rasguñó tu dulzura

y el tiempo se la ha llevado.

Solo te queda el recuerdo,

de aquel amor del pasado,

el que hizo florecer tu corazón

y luego te ha traicionado.

Poemas Dedicados

MARU

Como una rosa cristalina
así veo yo tu alma,
porque ella refleja luz
y millones de esperanzas.

Tus sueños vuelan muy alto
no dejes que ellos decaigan
porque te mereces lo mejor
no pierdas nunca tu magia.

Esa magia hechicera
que conquista todas las almas
esos hálitos de luz
que reflejan tu blanca karma.

Amiga querida Maru
nunca jamás te decaigas
porque muchos estamos contigo
abrazándote en la distancia.

Dedicado Maruzzella Parodi

SAÚL

Que tu otoño se haga primavera
y de nuevo nazca la flor
como nacen tus versos tan bellos
esos que hablan de amor.
Que tu cielo se cubra de estrellas
y tu día se vista de sol
y que vos disfrutes contento,
este hermoso día con todo esplendor.
Hoy tu pluma tiene más experiencia
y otro año celebra con vos
y la mía desde Uruguay te alienta
tu amistad para mí es un honor.

Dedicado a Saúl Salcedo

SI PUDIERA

Si pudiera quitar la pena
que embarga tu corazón,
no sabes como lo haría
para que te sientas mejor.

Porque sé lo que se sufre,
lo que los recuerdos atosigan,
el dolor aún latente
que enceguece nuestros días

Si pudiera quitar tu pena,
la arrancaría con brío,
limpiaría tu corazón
de ese sentimiento impío ,
arrancaría esas preguntas

que retumban cual castigo
y que no tienen respuestas
por más que hemos insistido.

En este día te digo:
cuanto lo siento mi amigo
y te abraso con mi alma
porque el sentir es compartido
porque sé lo que éstas sufriendo
porque yo lo he sentido
y sé cómo duele el alma
y el corazón es comprimido.

Es tan difícil la vida
y en especial ciertos días
en donde se empaña el corazón
y se desgarra la alegría.
Pero hay que seguir adelante
venciendo los desafíos ,
recordando con amor
los momentos compartidos.

Dedicado a Javier Tomas

BLANCA FELIZ CUMPLEAÑOS!!!

Blanca querida amiga
de los versos y de la vida,
mujer de hermosa alma
y del mundo buena semblanza .

Es el mar tu fiel amigo
que te inspira y quita frío,
el que escucha a tus penas
y del recuerdo a ti te llena.

Confidente de tus días,
es la virgen que te abriga.
Tu familia es tu altar,
quien te da amor ,paz y alegría

Que tu vida sea grandiosa
porque eres como rosa,
que ilumina en las vidas
con fragancias de alegrías.

Dedicado a Blanca Hernández

Índice